AF247262

UNE PAGE

D'HISTOIRE

CONTEMPORAINE

PAR E. B.

PARIS

TYPOGRAPHIE LAHURE

RUE DE FLEURUS, 9

—

1877

UNE PAGE

D'HISTOIRE

CONTEMPORAINE

PAR E. B.

PARIS

TYPOGRAPHIE LAHURE

RUE DE FLEURUS, 9

—

1877

UNE PAGE
D'HISTOIRE
CONTEMPORAINE

LA FUSION.

Le 5 août 1873, un grand acte s'accomplissait à Frohsdorf : Mgr le comte de Paris, abordant le Chef de la Maison de France, lui adressait ces paroles que l'histoire a recueillies :

« Je viens vous rendre une visite que je souhai-
« tais vous faire depuis longtemps. Je viens en
« mon nom, et au nom de tous les membres de ma
« famille, vous présenter nos respectueux hom-
« mages, non-seulement comme au chef de notre
« maison, mais encore, comme au seul représen-
« tant du principe monarchique en France. Je sou-
« haite qu'un jour vienne où la nation française
« comprenne que son salut est dans ce principe. Si

« jamais elle exprime la volonté de recourir à la
« monarchie, nulle compétition au trône ne s'élè-
« vera dans notre famille. »

Tel était le langage que Mgr le comte de Chambord avait désiré entendre dans la bouche de son
cousin, et qu'il entendit. Aussitôt après, il lui ou-
vrit les bras. Les deux Princes s'embrassèrent. La
réconciliation des deux branches de la Maison de
France était accomplie ; la fusion était faite.

Il faut remonter jusqu'en 1849, si l'on veut se
faire une idée juste de l'importance qu'attachaient
à ce grand acte tous les royalistes, et des obstacles
qui s'étaient opposés jusqu'alors à sa réalisation.

Beaucoup de partisans du gouvernement de 1830,
éclairés par le coup de tonnerre de 1848, avaient
fini par comprendre que l'usurpation ne peut avoir
qu'un jour, et s'étaient ralliés franchement au
principe héréditaire. La république ne leur appa-
raissait que comme un provisoire plein de périls.

De leur côté, les légitimistes craignaient, avec
raison, hélas ! de voir Louis-Napoléon violer ses
serments et fonder un second empire. La France
allait être garrottée, si la monarchie n'était pas
rétablie.

Il fallait se hâter. Mais d'abord, il fallait faire la
fusion. C'est alors que Berryer, MM. de Saint-
Priest, de Falloux, Benoist d'Azy, de Vatismenil,
de Valmy, se déclarant hautement fusionistes,

comme les anciens ministres de Louis-Philippe, MM. Guizot, Molé, de Salvandy, Duchâtel, de Montalivet, tentèrent de faire cesser la division au sein de la famille royale. Leurs généreux efforts échouèrent contre l'obstination de la duchesse d'Orléans, soutenue par les conseils néfastes de M. Thiers. Et l'empire se fit.

En 1871, la fusion apparut encore à tous comme la condition indispensable de la restauration. L'obstacle principal avait disparu. Livré à lui-même, et à ses nobles sentiments, instruit par les leçons de l'exil, Mgr le comte de Paris désirait se rendre à Frohsdorf, et déclarer au chef de sa maison qu'il n'existait aucun prétendant dans la famille d'Orléans.

Dans l'entrevue qui eut lieu à Dreux, au mois de mars 1871, entre Mgr le duc d'Aumale, Mgr le prince de Joinville, et les chefs du parti légitimiste, la visite de Frohsdorf fut décidée, les princes se réservant le droit de fixer l'époque où cette démarche devrait être faite.

En 1873, l'ennemi avait quitté le territoire; le maréchal de Mac-Mahon, nommé par les monarchistes, était au pouvoir : l'heure semblait donc venue pour Mgr le comte de Paris d'aller tenir sa parole. Il partit.

L'entrevue du 5 août fut noble et courageuse des deux côtés; car si Mgr le comte de Chambord avait à oublier le vote de Philippe-Égalité, l'usurpation de 1830, la captivité de Blaye, crimes dont Mgr le comte de Paris n'était pas d'ailleurs responsable ! ce jeune prince sacrifiait, sans hésiter, une grande situation, celle de chef du parti libéral, et remplissait son devoir en dédaignant les calomnies et les injustices contenues, chaque jour, dans certaines feuilles d'extrême droite.

Quelque temps après, les autres princes de la famille d'Orléans allaient saluer le Roi ; et le *Journal de Paris*, organe officiel des princes, faisait cette déclaration :

« La démarche de Frohsdorf a eu un résultat « qu'il n'est au pouvoir de personne d'annuler, et « que nous résumons dans ces deux mots : La « monarchie sera héréditaire et traditionnellé, ou « elle ne sera pas. »

La fusion, ce rêve de notre grand Berryer ! était donc accomplie définitivement. Mgr le comte de Paris, par sa patriotique démarche, avait scellé la réconciliation de la Maison de France.

LES GARANTIES CONSTITUTIONNELLES.

C'était là un fait considérable, dont le premier contre-coup devait se produire dans l'Assemblée nationale en réunissant légitimistes et orléanistes ; en faisant les Lucien Brun, les de Larcy, les Ernoul, les de la Rochefoucauld, les Changarnier, les de Kerdrel, les de Carayon, les Depeyre, les de Cazenove, et les de Broglie, les Bocher, les Pasquier, les Decazes, les de Witt, les d'Haussonville, les de Chabaud-Latour, membres du même parti : le grand parti de la monarchie héréditaire et constitutionnelle.

La monarchie allait se faire : telle était l'opinion du pays, et celle des cours de l'Europe.

Mais sur quelles bases ?

En février 1872, un programme politique avait été rédigé par la droite, sous l'inspiration de M. le comte de Falloux. En voici la conclusion :

« Nous considérons la monarchie comme le gou-
« vernement naturel de notre pays ; et par la mo-
« narchie, nous entendons la monarchie tradition-
« nelle et héréditaire. Elle a fait la France, elle lui
« a donné, pendant des siècles, la stabilité et la

« grandeur. En 1789, elle allait elle-même au-de-
« vant des réformes ; en 1814, elle fondait la li-
« berté, en même temps qu'elle sauvait l'intégrité
« du territoire.

« Une monarchie héréditaire, représentative,
« constitutionnelle, assurant au pays son droit
« d'intervention dans la gestion de ses affaires, et
« sous la garantie de la responsabilité ministérielle,
« toutes les libertés nécessaires, libertés politiques,
« civiles, religieuses, l'égalité devant la loi, le libre
« accès de tous à tous les emplois, à tous les hon-
« neurs, à tous les avantages sociaux ; l'améliora-
« tion pacifique et continue de la condition des
« classes ouvrières :

« Cette monarchie est celle que nous voulons. »

Ce magnifique programme fut hautement ap-
prouvé par Mgr le comte de Chambord, et signé,
dès lors, par tous les membres de l'extrême droite
venus à Anvers pour le lui communiquer. Le centre
droit, de son côté, répondit qu'il était heureux de
s'y associer.

C'est sur cette première base : *les garanties cons-*
titutionnelles, que le travail de la restauration com-
mença.

Il était d'ailleurs facile de s'entendre avec Mgr le
comte de Chambord, dont le programme politique
était justement celui des groupes de droite. Pour
s'en convaincre, il suffit de lire ici quelques-unes

de ses déclarations. Nous choisirons celles qui se rapportent, pour ainsi dire, à chacun des termes adoptés le 17 février.

Au vicomte de Saint-Priest (1848).

« Rappelez-leur donc que, dans toutes les occa-
« sions, j'ai hautement manifesté ma conviction
« que le bonheur de la France ne pouvait être as-
« suré que par l'alliance sincère des principes
« monarchiques avec les libertés publiques. Aussi,
« je vois avec un vif intérêt les efforts qui sont
« faits pour obtenir, dès à présent, la réforme de
« ces lois injustes qui privent le plus grand nom-
« bre des contribuables de la participation légitime
« qui leur appartient dans le vote de l'impôt, et
« qui dépouillent les communes et les villes des
« droits et des libertés qui leur sont le plus néces-
« saires. »

Au duc de Noailles (1848).

« Je comprends les conditions que le temps et
« les événements ont faites à la société actuelle;
« je reconnais les intérêts nouveaux qui, de toutes
« parts, se sont créés en France. Exempt de pré-
« jugés, loin de me renfermer dans un esprit étroit
« d'exclusion, je m'efforcerai de faire concourir

« tous les caractères élevés, toutes les forces intel-
« lectuelles de tous les Français, à la prospérité
« et à la gloire de la France. »

Aux ouvriers de Paris (1849).

« En parcourant les listes nombreuses qui m'ont
« été apportées, j'ai été heureux et fier de compter
« tant d'amis dans les classes laborieuses. Étu-
« diant sans cesse les moyens de leur être utile, je
« connais leurs besoins et leurs souffrances ; et
« mon regret le plus grand est que mon éloigne-
« ment de la patrie me prive du bonheur de leur
« venir en aide et d'améliorer leur sort. »

Au duc de Noailles (1850).

« Je me suis constamment efforcé de prouver
« par mes actes comme par mes paroles, que si la
« Providence m'appelle à régner un jour, je ne
« serai pas le roi d'une seule classe, mais le roi
« ou plutôt le père de tous. Partout et toujours, je
« me suis montré accessible à tous les Français,
« sans distinction de classes et de conditions.
« Comment, après cela, pourrait-on encore me
« soupçonner d'être le roi d'une caste privilégiée?...
« .... Toujours, j'ai eu l'intime conviction qu'il
« n'y a que la monarchie restaurée sur la base

« du droit héréditaire qui répondant à tous les be-
« soins de la société telle que l'ont faite les évé-
« nements, puisse concilier tous les intérêts, sau-
« vegarder tous les droits acquis, et mettre la
« France en pleine et irrévocable possession de
« toutes les sages libertés qui lui sont nécessaires.

« J'appelle tous les dévouements, tous les esprits
« éclairés, tous les cœurs droits, dans quelques
« rangs qu'ils se trouvent, et sous quelque drapeau
« qu'ils aient combattu jusqu'ici, à me prêter
« l'appui de leurs lumières, de leur bonne volonté,
« pour sauver le pays. »

A Berryer (1851).

« Je sais que la monarchie ne répondrait pas à
« tous les besoins de la France, si elle n'était en
« harmonie avec son état social, ses mœurs, ses
« intérêts. Les maximes qu'il a fortement à cœur,
« et que vous avez rappelées à la tribune, l'égalité
« devant la loi, la liberté de conscience, le libre
« accès pour tous les mérites, à tous les emplois, à
« tous les honneurs, à tous les avantages sociaux,
« tous ces grands principes d'une société éclairée me
« sont chers et sacrés comme à tous les Français.

« Donner à ces principes toutes les garanties qui
« leur sont nécessaires par des institutions confor-
« mes aux vœux de la nation, et fonder, d'accord

« avec elle, un gouvernement régulier et stable, en
« le plaçant sur la base de l'hérédité monarchique
« et sous la garde des libertés publiques : tel serait
« l'unique but de mon ambition. »

A M*** (1857).

« Nul doute que je ne sois disposé à laisser à
« l'Église la liberté qui lui appartient. Mais, de leur
« côté, les évêques et tous les membres du clergé
« ne sauraient éviter avec trop de soin de mêler la
« politique à l'exercice de leur ministère sacré, et
« de s'immiscer dans les affaires qui sont du res-
« sort de l'autorité temporelle. »

Au vicomte de Saint-Priest (1866).

« Vous savez depuis longtemps les vœux que ma
« raison et mon cœur me dictent pour ma patrie.
« Est-il besoin de vous le redire ici ? Le gouverne-
« ment représentatif dans sa puissante vitalité, les
« dépenses publiques sérieusement contrôlées, le
« règne des lois, le libre accès de chacun aux em-
« plois et aux honneurs, la liberté religieuse et la
« liberté civile hors d'atteinte, l'administration
« intérieure dégagée des entraves d'une centrali-
« sation excessive, et au-dessus de tout cela, une
« grande chose : l'honnêteté ! l'honnêteté qui fait

« la valeur morale des États comme des particu-
« liers. »

A M*** (1871).

« Pénétré des besoins de mon temps, ce que je
« demande, vous le savez, c'est de travailler à la
« régénération du pays ; c'est, à la tête de toute la
« Maison de France, de présider à ses destinées,
« en soumettant avec confiance les actes du gou-
« vernement au sérieux contrôle de représentants
« librement élus. »

A M. de Rodez-Benavent (1873).

« En être réduit en 1873 à évoquer le fantôme
« de la dîme, des droits féodaux, de l'intolérance
« religieuse, que vous dirai-je encore? de la guerre
« follement entreprise, du gouvernement des prê-
« tres, de la prédominance des classes privilégiées !
« Vous avouerez qu'on ne peut pas répondre sérieu-
« sement à des choses si peu sérieuses. A quels
« mensonges la mauvaise foi n'a-t-elle pas recours
« lorsqu'il s'agit d'exploiter la crédulité publique? »

D'après ces citations qu'il serait facile de multi-
plier, Mgr le comte de Chambord pouvait-il avoir
la moindre difficulté à accepter le programme de la
monarchie constitutionnelle, telle que la compren-

nent et la pratiquent les peuples les plus éclairés de l'Europe? Assurément non.

Aussi approuva-t-il les deux premiers articles du projet de la commission des Neuf, ainsi conçu :

« L'Assemblée nationale,

« Voulant user du droit constituant qui lui appartient et qu'elle s'est toujours réservé,

« Décrète :

« ART. 1er. — La Monarchie nationale, héréditaire et constitutionnelle est le gouvernement de la France.

« En conséquence, Henri-Charles-Marie-Dieudonné, chef de la Maison royale de France, est appelé au trône.

« Les Princes de cette famille lui succéderont de mâle en mâle, par ordre de primogéniture.

« ART. 2. — L'égalité de tous les citoyens devant la loi et leur admissibilité à tous les emplois civils et militaires, les libertés civiles et religieuses, l'égale protection dont jouissent aujourd'hui les différents cultes, le vote annuel de l'impôt par les représentants de la nation, la responsabilité des ministres inséparable de l'inviolabilité royale, la liberté de la presse sous les réserves nécessaires à l'ordre public, et généralement toutes les garanties qui constituent le droit public des Français, sont et demeurent maintenus.

« Le Gouvernement du Roi présentera à l'Assem
« blée nationale les lois constitutionnelles ayant
« pour objet d'assurer et de régler l'exercice collectif
« de la puissance législative par le Roi et les deux
« Chambres, l'organisation du suffrage universel,
« et généralement toutes les lois nécessaires à la
« constitution des pouvoirs publics. »

Et, M. Chesnelong, de retour de Salzbourg où il
avait été présenter au Roi ce projet, put-il s'exprimer en ces termes (Procès-verbal officiel de la
réunion de la commission des Neuf, 16 octobre) :

« En ce qui touche la question constitutionnelle :
« M. Chesnelong déclare avoir exposé l'intention
« de la commission de faire reposer la proposition
« de la monarchie sur le principe de la reconnais-
« sance du droit royal héréditaire, et d'une Charte
« qui ne serait ni imposée au Roi, ni octroyée par
« lui, mais qui serait délibérée de concert entre le
« Roi et l'Assemblée.
« M. le comte de Chambord a exprimé son ac-
« quiescement à ces deux premiers points.
« M. Chesnelong a fait connaître ensuite que,
« dans la pensée de la commission, la proposition
« devait indiquer les bases sommaires de la Charte
« à intervenir, notamment les quatre suivantes :
« L'exercice collectif du pouvoir législatif par le
« Roi et les deux Chambres ; l'attribution au Roi

« du pouvoir exécutif; l'inviolabilité de sa personne;
« et, comme conséquence de l'inviolabilité royale
« et de la coopération des Chambres à l'œuvre légis-
« lative, la responsabilité des ministres. Il a ajouté
« que la commission avait été unanime pour recon-
« naître la nécessité de ces quatre points et de leur
« indication dans la déclaration du rétablissement
« de la monarchie.

« M. Chesnelong a fait connaître également que
« la proposition stipulerait le maintien des libertés
« civiles et religieuses, de l'égalité devant la loi,
« du libre accès pour tous les citoyens à tous les
« emplois civils et militaires, du vote annuel de
« l'impôt par tous les représentants de la nation,
« et en général des garanties qui constituent le droit
« public actuel des Français; expliquant bien que
« cette stipulation était opportune, non pas assuré-
« ment à titre de défiance contre les intentions de
« M. le comte de Chambord, qui, dans toutes ses
« lettres, a déclaré que ces maximes lui étaient
« chères et sacrées comme à tous les Français, mais
« pour ôter toute base à des attaques injustes qui
« tendent à égarer l'esprit public.

« M. le comte de Chambord n'a formulé aucune
« objection ni contre ce mode de procéder, ni contre
« l'insertion dans la proposition de ces divers points,
« ni contre aucun de ces points en particulier. »

L'accord était donc complet, absolu entre les

idées de Mgr le comte de Chambord et celles de la France libérale. Le Roi acceptait les *garanties consti- tutionnelles.*

LE DRAPEAU TRICOLORE.

Le drapeau tricolore était la seconde base sur laquelle les membres de la commission des Neuf[1] voulaient rétablir la royauté.

Il fallait, en effet, une majorité parlementaire; or, cette majorité n'existait qu'avec l'alliance de tous les membres du centre droit, et de ces monarchistes hésitants du groupe Target qui avaient concouru à faire le 24 mai, mais qui, plutôt que d'accepter le drapeau blanc, se réfugiaient dans le chimérique espoir d'une république conservatrice. En les ralliant par l'adoption du drapeau tricolore, on obtenait une majorité de 10 à 20 voix.

D'ailleurs, l'extrême droite elle-même, presque tout entière, acceptait l'article 3 du projet des Neuf :

---

1. La commission des Neuf, présidée par le général Changarnier, se composait de MM. de Tarteron et Combier (extrême droite) ; de Larcy et Baragnon (droite) ; Chesnelong et Daru (union conservatrice) ; Pasquier et Callet (centre droit).

« Le drapeau tricolore est maintenu ; il ne pourra
« être modifié que par l'accord du Roi et de la re-
« présentation nationale. »

Si quelques ultras, comme MM. de Franclieu,
Pajot, de Tréville, protestaient ; les chefs autorisés,
MM. de Tarteron, Combier, Lucien Brun, de Carayon,
de Cazenove, de la Rochefoucauld, applaudissaient
à cette rédaction ; et M. de Maillé disait : « Je déclare
« que je ne comprends d'autre monarchie que la
« monarchie constitutionnelle et d'autre drapeau
« que le drapeau tricolore. »

L'union était donc parfaite entre tous les membres de l'Assemblée nationale.

Malheureusement, on savait que Mgr le comte de
Chambord avait plusieurs fois manifesté sa volonté
de ne revenir en France qu'avec le drapeau blanc ;
on se rappelait ses manifestes des 5 juillet 1871,
25 janvier 1872 et sa lettre du 6 février 1873 à
l'évêque d'Orléans.

Il fallait donc soumettre au Roi la situation du
pays et des partis, ses possibilités et ses nécessités ;
arrêter enfin les moyens pratiques d'aboutir à une
solution.

M. Chesnelong fut chargé d'aller à Salzbourg,
où se trouvait Mgr le comte de Chambord, et de lui
présenter le projet de restauration.

Que se passa-t-il à Salzbourg, et quelle fut la

réponse de Mgr le comte de Chambord au sujet de
la question du drapeau ?

Le procès-verbal officiel de la réunion du 16 octobre, dont nous avons déjà cité la première partie,
va nous le dire :

« En ce qui touche la question du drapeau,
« M. Chesnelong déclare avoir exposé à M. le comte
« de Chambord, sans rien omettre des considéra-
« tions qu'il apportait au nom de ses collègues,
« les graves raisons tenant à l'état des esprits dans
« le pays, dans l'armée et dans l'Assemblée, qui
« avaient décidé la commission à s'arrêter à la
« formule suivante : « Le drapeau tricolore est
« maintenu; il ne pourra être modifié que par l'ac-
« cord du roi et de l'Assemblée. »
« M. le comte de Chambord a permis à M. Ches-
« nelong de s'exprimer avec une respectueuse li-
« berté et a bien voulu l'écouter avec l'attention la
« plus bienveillante. Il a montré le souci de pré-
« server intactes, dans l'intérêt du pays, les deux
« forces qui lui semblent nécessaires pour rem-
« plir efficacement son devoir royal : l'intégrité
« de son principe et l'intégrité de son caractère.
« Il respecte d'ailleurs le sentiment de l'armée pour
« un drapeau teint du sang de nos soldats; il n'a
« jamais été étranger aux gloires et aux douleurs
« de la patrie ; il n'a jamais eu l'intention d'humi-

« lier ni son pays, ni le drapeau sous lequel ses
« soldats ont vaillamment combattu. »

« Ses résolutions se formulent dans les deux
« points suivants :

« 1° M. le comte de Chambord ne demande pas
« que rien soit changé au drapeau avant qu'il ait
« pris possession du pouvoir;

« 2° Il se réserve de présenter au pays et se fait
« fort d'obtenir de lui, par ses représentants, à
« l'heure qu'il jugera convenable, une solution
« compatible avec son honneur, et qu'il croit de
« nature à satisfaire l'Assemblée et la nation. »

« M. Chesnelong, parlant, non plus au nom de
« M. le comte de Chambord, mais au nom de
« MM. Lucien Brun, de Carayon-Latour, de Caze-
« nove, qui se trouvaient avec lui à Salzbourg, dé-
« clare que ses honorables collègues ont accepté,
« pour eux-mêmes et pour leurs amis, de voter la
« formule : « Le drapeau tricolore est maintenu;
« il ne pourra être modifié que par l'accord du roi
« et de l'Assemblée, » étant entendu toutefois qu'ils
« auront l'entière liberté de leur vote lorsque le roi
« présentera la solution qui fait l'objet de la réserve
« ci-dessus mentionnée. »

C'était clair. Mgr le comte de Chambord, loin
de repousser *préalablement* le drapeau tricolore
(comment peut-on donner une telle interprétation
aux paroles royales !), *ne demandait pas que rien fût*

changé au drapeau avant qu'il eût pris possession du pouvoir, et se réservait de présenter à la France, à l'heure convenable, *une solution* compatible avec son honneur, et *de nature à satisfaire la nation.*

Cette solution n'était-elle pas celle présentée par Berryer en 1865 : l'adjonction d'une cravate blanche et de fleurs de lis au drapeau tricolore? Peut-être.

Quoi qu'il en soit, la mission de M. Chesnelong avait réussi, puisque la réponse de Mgr le comte de Chambord se résumait dans cette formule de la commission des Neuf : « *Le drapeau tricolore est maintenu; il ne pourra être modifié que par l'accord du roi et de l'Assemblée.* »

Voilà la vérité sans atténuation et sans artifice, telle malheureusement qu'on ne la retrouve plus dans la lettre du 27 octobre.

LA LETTRE DU 27 OCTOBRE.

Le retour de M. Chesnelong porta un coup mortel aux partis coalisés : républicains et bonapartistes. L'impression fut unanime : la monarchie était faite ! On songea alors à convoquer l'Assemblée, prorogée jusqu'au 5 novembre.

Tout à coup parut la lettre de Mgr le comte de Chambord à M. Chesnelong, datée de Salzbourg, 27 octobre :

« J'ai conservé, Monsieur, de votre visite à
« Salzbourg un si bon souvenir, j'ai conçu pour
« votre noble caractère une si profonde estime, que
« je n'hésite pas à m'adresser loyalement à vous,
« comme vous êtes venu vous-même loyalement
« vers moi.

« Vous m'avez entretenu, durant de longues
« heures, des destinées de notre chère et bien-
« aimée patrie, et je sais qu'au retour vous avez
« prononcé, au milieu de vos collègues, des pa-
« roles qui vous vaudront mon éternelle reconnais-
« sance. Je vous remercie d'avoir si bien compris
« les angoisses de mon âme et de n'avoir rien ca-
« ché de l'inébranlable fermeté de mes résolu-
« tions.

« Aussi, ne me suis-je point ému quand l'opi-
« nion publique, emportée par un courant que je
« déplore, a prétendu que je consentais enfin à
« devenir le Roi légitime de la Révolution. J'avais
« pour garant le témoignage d'un homme de
« cœur, et j'étais résolu à garder le silence, tant
« qu'on ne me forcerait pas à faire appel à votre
« loyauté.

« Mais, puisque, malgré vos efforts, les malen-
« tendus s'accumulent, cherchant à rendre obscure
« ma politique à ciel ouvert, je dois toute la vérité
« à ce pays dont je puis être méconnu, mais qui
« rend hommage à ma sincérité, parce qu'il sait
« que je ne l'ai jamais trompé et que je ne le trom-
« perai jamais.

« On me demande aujourd'hui le sacrifice de
« mon honneur. Que puis-je répondre ? Sinon que
« je ne rétracte rien, que je ne retranche rien de
« mes précédentes déclarations. Les prétentions de
« la veille me donnent la mesure des exigences
« du lendemain, et je ne puis consentir à inaugu-
« rer un règne réparateur et fort par un acte de
« faiblesse.

« Il est de mode, vous le savez, d'opposer à la
« fermeté d'Henri V l'habileté d'Henri IV : « *La*
« *violente* amour que je porte à mes sujets, di-
« sait-il souvent, me rend tout possible et hono-
« rable. »

« Je prétends, sur ce point, ne lui céder en rien,
« mais je voudrais bien savoir quelle leçon se fût
« attirée l'imprudent assez osé pour lui persuader
« de renier l'étendard d'Arques et d'Ivry.

« Vous appartenez, Monsieur, à la province qui
« l'a vu naître, et vous serez, comme moi, d'avis
« qu'il eût promptement désarmé son interlocu-
« teur, en lui disant avec sa verve béarnaise :
« Mon ami, prenez mon drapeau blanc, il vous

« conduira toujours au chemin de l'honneur et de
« la victoire. »

« On m'accuse de ne pas tenir en assez haute
« estime la valeur de nos soldats, et cela au mo-
« ment où je n'aspire qu'à leur confier tout ce
« que j'ai de plus cher. On oublie donc que
« l'honneur est le patrimoine commun de la Mai-
« son de Bourbon et de l'armée française, et que,
« sur ce terrain-là, on ne peut manquer de s'en-
« tendre. »

Cette lettre, nous avons la douleur de le consta-
ter, était inexplicable et reste inexpliquée. Elle con-
tredit absolument les déclarations de Salzbourg
contenues dans le procès-verbal du 16 octobre :
Le drapeau ne sera pas changé.... etc., puisqu'elle
rejette, *préalablement et sans espoir,* le drapeau tricolore ; et cependant elle consacre ces mêmes déclarations, puisqu'elle dit : « Je sais qu'au retour
« vous avez prononcé au milieu de vos collègues,
« des paroles qui vous vaudront mon éternelle re-
« connaissance. Je vous remercie d'avoir si bien
« compris..., » etc.

Le premier mot de M. Chesnelong trahit sa dou-
loureuse stupeur et sa colère légitime :

« Je vais écrire à Frohsdorf, dit-il, j'irai au be-
« soin afin de rappeler à M. le comte de Cham-

« bord les réponses qu'il a faites à mes proposi-
« tions. *Je n'avais rien dit qu'on ne m'eût autorisé à*
« *dire. J'en appelle du Roi à Dieu !* »

Et quelque temps après, du haut de la tribune, et
au milieu des applaudissements, l'ancien mandataire de la commission des Neuf fit entendre cette
protestation solennelle :

« Deux devoirs m'étaient imposés : le premier,
« d'apporter au prince l'expression respectueuse,
« mais loyale et sincère, des pensées de mes col-
« lègues ; le second, de rapporter à mes collègues
« l'expression exacte et vraie des résolutions du
« prince.

« J'ai rempli ces deux devoirs avec une scrupu-
« leuse fidélité ; *et quand on semble inférer de la*
« *lettre de* Monsieur le comte de Chambord *que les*
« *déclarations que j'ai faites ne sont pas celles que*
« *j'étais autorisé à rapporter*, au nom de la haute
« loyauté du prince, au nom de cette loyauté qui
« fait partie de la grandeur morale de son carac-
« tère, comme au nom de mon propre honneur, *je*
« *proteste ;* et Monsieur le comte de Chambord ne
« démentira pas, j'en suis sûr, ma protestation. »

Le manifeste de Salzbourg venait donc de briser
d'un seul coup l'œuvre du parti monarchique. La
restauration manquait, non par le fait des passions

antimonarchistes, mais — chose qu'on ne pouvait prévoir ! — par la volonté du Roi.

Aussi, la stupéfaction et la colère furent-elles extrêmes au sein du parti légitimiste. Dans une réunion tenue chez M. le duc de la Rochefoucauld, les membres de la droite allèrent jusqu'à proposer à Mgr le comte de Paris la lieutenance générale du royaume, vu la vacance du trône. Cette proposition, votée à l'unanimité, moins les voix de MM. de Franclieu et de Belcastel, trahit les sentiments qui animaient alors la droite.

On accusait, en effet, Mgr le comte de Chambord, non-seulement d'avoir retiré ses promesses, mais encore d'avoir laissé pendant douze jours M. Chesnelong prendre en son nom des engagements qui ne devaient pas être tenus, d'avoir réveillé des espérances, surexcité des dévouements qui devaient être impitoyablement refoulés dans les âmes, d'avoir tenu la nation en suspens, d'avoir enfin compromis le parti légitimiste et le gouvernement tout entier.

Et, tandis que les monarchistes ressentaient toutes les douleurs d'une cruelle déception[1], les feuilles républicaines ne se lassaient pas de féliciter Mgr le comte de Chambord, et de glorifier son « grand caractère, » ses « délicatesses de conscience, »

---

1. On rapporte que le vieux général Changarnier ne put s'empêcher de verser des larmes, en lisant cette lettre de Salzbourg qui brisait toutes ses espérances.

son « admirable lettre, » son « renoncement sublime. »

Il est des félicitations suspectes. Ce concours de louanges, nous en sommes sûr, a dû être singulièrement pénible à Mgr le comte de Chambord !

LES RESPONSABILITÉS.

On a dit, pour expliquer la lettre du 27 octobre, que Mgr le comte de Chambord s'était ému à la lecture d'un procès-verbal du centre droit, dans lequel les rédacteurs avaient travesti les paroles de M. Chesnelong et grossi habilement les déclarations royales.

Il est vrai que ce procès-verbal renferme certaines erreurs ; on pourra en juger l'importance, en comparant cette pièce avec celle de la réunion du 16 octobre, que nous avons citée plus haut :

« M. le comte de Chambord aurait dit notam
« ment qu'il n'avait l'intention d'offenser ni son
« pays, ni le drapeau de son pays, qu'il n'était
« étranger ni aux gloires que la France avait ac-

« quises sous ce drapeau, ni aux douleurs qu'elle
« avait subies ; que, puisque le drapeau tricolore
« était le drapeau légal, si les troupes devaient le
« saluer à son entrée en France, il saluerait lui-même
« avec bonheur le drapeau teint du sang de nos
« soldats.

« M. le comte de Chambord aurait ajouté qu'il
« se réservait de proposer au pays, par l'entremise
« de ses représentants, une transaction compatible
« avec son honneur, et qu'il croyait de nature à
« satisfaire à la fois l'Assemblée et le pays.

« C'est à la suite de ces conférences que les dé-
« légués de la droite, présents à Salzbourg, ont dé-
« claré à M. Chesnelong qu'ils adhéraient, en leur
« nom et au nom de leurs amis, à la rédaction
« préalablement arrêtée par la commission des
« Neuf, et aux termes de laquelle le drapeau tri-
« colore était maintenu. »

Mais après tout, qu'importaient ces erreurs d'un
procès-verbal qui n'engageait que la responsabilité
de ses auteurs ? Cela changeait-il les paroles de
M. Chesnelong ? Cela modifiait-il la proposition des
Neuf ? Fallait-il, pour un si vain motif, retirer toutes
ses promesses, et faire échouer la restauration ?

On a dit encore que le centre droit avait joué
une indigne comédie. Ceux qui ont poussé Mgr le
comte de Chambord a écrire sa malheureuse lettre,
peuvent seuls proférer une semblable calomnie : ils

tâchent de faire retomber sur d'autres l'écrasante responsabilité qu'ils porteront devant l'histoire[1].

Non, le centre droit n'a voulu duper personne ; et, ce qui le prouve, c'est le refus de Mgr le comte de Paris, de Mgr le duc de Nemours, de Mgr le prince de Joinville d'accepter la lieutenance générale.

Au centre droit revient, au contraire, l'honneur de s'être mis à la tête du mouvement monarchique. On ne conspire pas, quand on ne cache ni son plan, ni ses desseins, ni son but, et quand on tente, au grand jour, des efforts, suivis d'heure en heure, et dans tous leurs détails, par l'Assemblée et par la presse.

1. Certains membres d'extrême droite, par leurs excitations et leurs appels désespérés à Mgr le comte de Chambord, peuvent être rendus, en partie, responsables des faits dont nous venons de parler. Il faut bien reconnaître, d'ailleurs, qu'en 1794, en 1830, comme en 1873, la Monarchie n'a pas eu d'ennemis plus dangereux que ses amis maladroits, et n'a jamais reçu de coups plus funestes que ceux portés par les ultras. La voulant intacte, ils l'ont rendue impossible ; et sous prétexte de l'empêcher de céder, ils l'ont condamnée à périr.

Les d'Entraigues, d'Esprémenil, de la Bourdonnaye, Ferrand, Piet, Castelbajac, de Polignac, de Franclieu, Du Temple, Benezet, de Mayol-Luppé, Dahirel, ont, en 1794 et en 1873, empêché la Restauration, et, en 1830, renversé la monarchie, telle que la voulaient les Cazalès, Malouet, Lally-Tollendal, Mounier, Mallet du Pan, de Villèle, de Serre, Ravez, Richelieu, Lainé, Martignac, Chateaubriand, Fitz-James, Berryer, de Larcy, de Falloux, de Kerdrel, Depeyre, Ernoul.

CONCLUSION.

Arrivé à cette partie de notre travail, nous croyons avoir montré que, des deux propositions du projet des Neuf : *les garanties constitutionnelles; le drapeau tricolore maintenu jusqu'à modification ultérieure,* Mgr le comte de Chambord acceptait la première, et repoussait la seconde, *après l'avoir adoptée primitivement.*

Si les événements donnent lieu, en 1880, à de nouvelles tentatives de restauration, c'est donc la question du drapeau qu'il faudra reprendre et résoudre définitivement.

Un grand citoyen et un grand évêque, capable par ses lumières de conseiller un roi, Mgr Dupanloup, disait le 23 janvier 1873 à Mgr le comte de Chambord :

« Se faire, même par un très-noble sentiment,
« des impossibilités qui n'en seraient pas devant
« Dieu, serait le plus grand des malheurs. Si ja-
« mais un peuple aux abois a demandé, dans celui
« que la Providence lui a réservé comme sa su-
« prême ressource, des ménagements, de la clair-

« voyance, tous les sacrifices possibles, c'est bien
« la France malade et mourante ! »

Puisse Mgr le comte de Chambord entendre ces
nobles paroles, et sacrifier à la France ses préfé-
rences de sentiment pour le drapeau blanc !

Puisse-t-il s'inspirer des exemples de ses aïeux,
Henri IV et Louis XVIII, ces deux grands rois, pour
qui les concessions intelligentes et les transactions
utiles n'étaient ni des défaillances, ni des capitu-
lations de conscience, mais des actes patrioti-
ques !

Et sans remonter aussi loin, puisse, enfin, Mgr
le comte de Chambord se rappeler son admirable
lettre à Berryer, où, parlant de cette *politique de
conciliation et d'union,* » dont il félicitait le grand
orateur, affirmant que « *l'intérêt de la France pas-
sait avant tout,* » il s'écriait : « J'ose espérer qu'avec
« l'aide de tous les bons citoyens, de tous les
« membres de ma famille, je ne manquerais ni de
« courage ni de persévérance pour accomplir cette
« œuvre de restauration nationale, seul moyen de
« rendre à la France ces longues perspectives de
« l'avenir, sans lesquelles le présent, même tran-
« quille, demeure inquiet et frappé de stérilité. »

E. B.

DOCUMENTS COMPLÉMENTAIRES.

Quelques jours après le 27 octobre, *le Monde* publiait en tête de ses colonnes une communication, venue de Versailles, et dont la paternité fut attribuée à M. Chesnelong.

Son importance n'échappa à personne, car le mandataire fidèle de la commission des Neuf, le loyal négociateur de Salzbourg avait seul le droit et le pouvoir d'exposer *la vérité* sur la situation faite par la lettre royale.

Nous donnons ici les parties principales de ce document historique :

« Il est trop réel, en effet, que l'édifice auquel
« travaille l'Assemblée en ce moment n'est ni
« solide ni durable. On peut dès aujourd'hui pré-
« voir qu'il est inévitablement destiné à périr dans
« quelque tourmente plus ou moins prochaine.
« Il en sera ainsi de tout ce qui ne serait pas fondé
« sur cette base nécessaire, dont une expérience
« bientôt séculaire a trop démontré que la con-
« stitution de la France ne peut se passer.

« Cette Assemblée l'avait bien compris. Aussi,

« quel que soit le résultat de ses efforts, *son hon-*
« *neur, devant l'histoire, sera d'avoir poursuivi l'œu-*
« *vre de la restauration monarchique avec une pa-*
« *tience, une abnégation, une opiniâtreté que n'ont*
« *jamais pu décourager ni les difficultés, ni les échecs,*
« ni même l'abus de sa confiance perfidement sur-
« prise.

« Au prix d'énergiques efforts, l'Assemblée tou-
« chait le but, et déjà l'on pouvait prévoir le jour
« où le roi et la nation allaient se trouver réunis,
« après une longue et funeste séparation, lors-
« qu'une nouvelle déception est survenue. La ma-
« jorité résolue à rétablir la monarchie ne se re-
« trouve plus quand vient l'heure suprême. On la
« cherche vainement ; la Droite est restée seule
« sur le champ de bataille, attristée du sentiment
« de son impuissance, faisant d'inutiles efforts
« pour retrouver les alliés sans lesquels elle ne
« peut même songer à engager le combat.

« C'est là une vérité qu'il faut bien s'avouer, et
« toutes les excitations de la presse, tous les vœux,
« toutes les pétitions du monde pourront bien ac-
« croître les regrets de la Droite, mais ne rempla-
« ceront pas les voix dont elle a besoin dans le
« Parlement pour proclamer cette monarchie si lé-
« gitimement désirée.

« Ce n'est pas à la Droite que l'opinion doit s'a-
« dresser. A son égard, l'insistance est aussi pué-
« rile qu'injuste, on pourrait presque dire inju-

« rieuse. Ce sont ses auxiliaires qu'il faut persuader
« et lui ramener.

« Or, pourquoi se sont-ils retirés ?

« Il faut bien le dire.

« Un acte est intervenu par lequel ils ont cru
« complétement changée la situation dans laquelle
« ils avaient engagé leur concours. C'est une er-
« reur, dit-on, un malentendu. Nul n'en est plus
« convaincu et plus affligé que nous ; mais enfin
« l'erreur, le malentendu existent ; il faut les dis-
« siper.

« Des affirmations vagues, générales, des arti-
« cles de journaux, quelque recommandables qu'ils
« soient, n'y parviendront jamais. Qu'est-ce, en
« effet, que leur langage en présence d'un acte
« venu de si haut ?

« Un honorable député, M. Chesnelong, avait
« rapporté à ses collègues des déclarations des-
« quelles il avait paru résulter :

« 1° Que le droit héréditaire devait être reconnu
« dans son intégrité, avec toute sa force et ses
« conséquences ;

« 2° Que personne n'avait à imposer ses condi-
« tions, mais que la Constitution devait être le ré-
« sultat d'un pacte librement consenti entre le Roi
« et la nation, tous deux également gardiens des
« libertés, des principes qui constituent le droit
« public national ;

« 3° *Que la question du drapeau ne serait tranchée*

« *qu'après la proclamation de la monarchie*, par le
« concours de l'initiative royale et de l'adhésion du
« pays exprimée par ses représentants.

« C'est sur ce programme très-nettement déter-
« miné que s'engagea la campagne, que se forma
« cette majorité qui en assurait le succès. Après
« la lettre du 27 octobre, cette majorité s'est trou-
« vée désagrégée.

« Les auxiliaires de la Droite ont été convaincus
« que cette lettre modifiait sur les points essentiels
« le programme qu'ils avaient trouvé dans les dé-
« clarations de M. Chesnelong. Ils ont cru que la
« volonté royale, en exprimant ses légitimes pro-
« testations contre des exigences, des stipulations
« auxquelles la majorité d'ailleurs n'avait jamais
« songé, prétendait rester seule en présence de la
« nation ; ils ont cru que la question du drapeau
« était tranchée *dès ce jour*, et tranchée sans le
« concours du pays.

« Chaque jour, la presse royaliste, et particuliè-
« rement le plus autorisé de ses organes, *l'Union*,
« déclarent cependant que la lettre du Roi n'a
« rien changé à la situation, que rien de ce qui a
« été dit n'est retiré, que les déclarations de
« M. Chesnelong restent intactes, exemptes d'un
« désaveu même partiel, que le projet de restaura-
« tion monarchique doit donc être repris et porté
« devant l'Assemblée.

« Ces affirmations, si énergiquement répétées

« qu'elles soient, n'ont pas encore changé l'opinion
« des alliés de la Droite, et il est plus que dou-
« teux qu'elles finissent par obtenir un tel ré-
« sultat.

« Elles manquent peut-être de précision, et
« aussi d'autorité.

« Rien n'est changé! dit-on. Cela veut-il dire
« que la monarchie devra reposer sur le *principe*
« *de la reconnaissance du droit royal héréditaire et*
« *d'une charte délibérée de concert entre le Roi et*
« *l'Assemblée ?*

« Cela veut-il dire que *la proposition du rétablis-*
« *sement de la monarchie pourra indiquer les bases*
« *sommaires de la charte à intervenir*, telles qu'elles
« ont été résumées par M. Chesnelong?

« Cela veut-il dire que la question du drapeau *sera*
« *tranchée à l'époque et dans la forme qu'indiquaient*
« *les paroles rapportées* par M. Chesnelong dans
« l'exposé qu'il a présenté à la commission des
« Neuf?

« Cela veut-il dire enfin que le projet préparé
« par la commission des Neuf, adopté à l'unani-
« mité par tous les groupes de la majorité monar-
« chique, peut être repris, déposé à la tribune et
« présenté au vote de l'Assemblée?

« Voilà les points sur lesquels une réponse pré-
cise et autorisée paraît nécessaire. »

L'Union se crut obligée de répondre : « *On* a

voulu envelopper le Roi dans une équivoque, dit-elle, et le Roi a brisé cette enveloppe indigne de lui. »

Peu de jours après, *le Monde* inséra une réplique à *l'Union*, provenant de la même source que la première communication :

« *On* aurait voulu fausser le droit monarchique,
« substituer insidieusement le principe électif au
« principe héréditaire ! Et qui donc ? Quel est le
« coupable ? où le chercher ? Sans doute parmi ceux
« qui avaient autorité pour rendre à la France sa
« monarchie nationale, et dans l'Assemblée ! Mais
« on n'y distinguait déjà plus la majorité royaliste
« en deux fractions, en deux groupes ; cette majorité
« tout entière acceptait à l'unanimité le projet pré-
« paré par la commission des Neuf.
« Or, ce projet, résumé fidèle des déclarations de
« M. Chesnelong, calqué sur elles, pour ainsi dire,
« les reproduisant dans la forme et la langue légis-
« latives, affirmait le droit héréditaire dans sa plé-
« nitude et son indépendance. Royalistes anciens
« et nouveaux, en en faisant le symbole de leur
« foi commune, s'élevaient également au-dessus du
« reproche de supercherie et d'erreur.
« Le coupable n'est donc pas dans l'Assemblée.
« Mais puisque ceux qui voulaient faire une mo-
« narchie équivoque, transactionnelle, ne sont pas

« parmi ceux qui avaient mission et pouvoir de
« faire la monarchie, fallait-il dès lors s'en préoc-
« cuper ? Était-il juste surtout de dire qu'on voulait
« faire une monarchie irrégulière ? Ne voit-on pas
« le danger d'une pareille formule, qui exprime
« bien une vérité, mais qui implique aussitôt des
« responsabilités qui ne sont point engagées ?

« Oui, dans la presse, dans le public, on s'est
« livré à des affirmations mensongères, à des com-
« mentaires erronés ou perfides, à des suppositions
« inacceptables. Mais pourquoi leur donner une
« importance exagérée ? pourquoi prêter l'oreille à
« ce tumulte et s'en laisser troubler, tandis que
« les ouvriers autorisés poursuivaient leur tâche
« résolus et attentifs à édifier une œuvre irrépro-
« chable.

« Quant au drapeau, n'est-ce pas encore une
« double erreur qui a rendu la solution difficile en
« surexcitant les opinions ? Le drapeau blanc, le
« vieux drapeau national, consacré par des siècles
« de gloire, a été l'objet d'indignes calomnies, et
« s'est trouvé en face de stupides préjugés qui n'ont
« peut-être pas toujours rencontré la juste répro-
« bation qu'ils méritaient.

« Mais quelque déplorables que soient ces obsta-
« cles, quelque impatience que leur résistance
« obstinée provoque, fondre sur eux visière baissée
« et lance en avant, *c'est s'exposer à frapper plus*
« *fort que juste; à faire des blessures imméritées,*

« *quelquefois irréparables*. La fermeté des convic-
« tions, la fidélité inébranlable à la cause qu'on
« soutient, le zèle de son triomphe, n'excluent pas
« *cette prudence, ces ménagements et même, quoi*
« *qu'on en dise, cette habileté limitée par l'honnête,*
« *toutes ces précautions*, en un mot, sans lesquelles
« il paraît bien téméraire d'espérer et de poursuivre
« le succès.

« D'ailleurs, ceux qui s'attachaient au drapeau
« tricolore ne voyaient pas en lui le signe de la
« Révolution. Non, ce n'est pas à ce titre qu'il est
« cher à l'armée, et ceux qui, dans l'Assemblée,
« demandaient son maintien, n'avaient d'autre
« pensée que de rendre par là plus facile le réta-
« blissement de la monarchie. C'est donc une erreur
« de dire qu'aux mains des parlementaires le dra-
« peau était « un signe de ralliement contre l'au-
« torité de ce roi et de ce principe, » devant lesquels
« ils s'inclinaient loyalement.

« Répétons-le une dernière fois, le programme
« rapporté par M. Chesnelong doit rester la base
« de la restauration de la monarchie. C'est par lui
« que l'unité s'est faite dans le parti monarchique,
« par lui qu'elle sera maintenue, et qu'il peut être
« encore donné de sauver la France par le rétablis-
« sement de la royauté ! »